LE VERBE

LES VERBES

CLASSIFICATION RATIONNELLE

DES VERBES

PAR

Henri POURCHOT

PRIX : UN FRANC

PARIS

LIBRAIRIE SANDOZ ET FISCHBACHER
33, RUE DE SEINE, 33
1878

LE VERBE

LES VERBES

CLASSIFICATION RATIONNELLE

DES VERBES

PAR

Henri POURCHOT

PARIS

LIBRAIRIE SANDOZ ET FISCHBACHER

33, RUE DE SEINE, 33

1878

AVANT-PROPOS

Le travail que nous avons l'honneur de soumettre
à la bienveillante appréciation des personnes qui s'intéressent aux graves questions de l'enseignement, ne
devait pas à l'origine avoir les proportions qu'il a
actuellement acquises.

Notre première intention était de ne traiter le verbe
qu'au point de vue exclusivement français ; mais nous
avons bientôt compris que notre travail ne pourrait
avoir une base solide et des résultats sérieux qu'autant que nous aurions d'abord étudié à un point de
vue général cette importante partie du discours.

Ce n'est pas sans hésitation, nous devons l'avouer,
que nous nous sommes décidé à entreprendre cette
étude, sans doute fort intéressante, mais aussi très-difficile et surtout très-délicate. La conviction de faire
un travail utile et nécessaire nous y a seule déterminé.

Après l'avoir menée, nous n'osons pas dire à bonne
fin, nous avons appliqué nos conclusions aux verbes
français. Nous avons fait tous nos efforts pour apporter quelque lumière dans cette question encore imparfaitement élucidée.

Y avons-nous réussi ? Dans l'intérêt de nos écoles,
nous le désirons.

La routine pourra nous accuser d'avoir porté une

main téméraire sur un mode d'enseignement adopté et pratiqué à peu près sans conteste depuis de longues années ; mais les gens qui font passer les intérêts de la raison et du progrès avant toute autre considération, s'ils ne croient pas devoir accepter les conclusions de notre travail, reconnaîtront du moins qu'il a été inspiré par un mobile respectable et qu'à défaut de talent, nous y avons mis tout le soin, toute la conscience possible.

Cela dit, nous tenons à rendre un témoignage public de gratitude aux nombreux collègues et amis qui, en souscrivant avec empressement à un exemplaire de notre œuvre, nous ont fourni les moyens de la mettre au jour.

LE VERBE

LES VERBES

Avant toute autre considération, il est essentiel que nous fassions ressortir la différence, signalée dans le titre ci-dessus, qui existe entre ces deux expressions, — « le verbe, les verbes. »

Bien que n'ayant, à première vue, qu'une simple différence de nombre, elles sont en réalité séparées par une profonde différence de signification et d'étendue.

La première est prise dans le sens exclusivement logique ; la seconde, dans le sens purement grammatical.

Logiquement, il n'y a qu'un verbe.

Grammaticalement, il y a plusieurs verbes.

Le *Verbe logique*, le verbe *être*, exprime l'idée de l'existence pure et simple, c'est-à-dire de l'existence sans attribut.

Les *Verbes grammaticaux* expriment également l'idée de l'existence, mais combinée avec un attribut.

LE VERBE

ou

VERBE LOGIQUE

Notre définition du verbe logique est rigoureusement exacte, car elle embrasse tout le défini et rien que le défini.

D'aucuns, il est vrai, prétendent que ce verbe ne joue pas d'autre rôle que celui de l'affirmation et qu'en lui prêtant l'idée de l'existence, on lui enlève son caractère de verbe logique, absolu, pour le faire rentrer dans la catégorie des verbes grammaticaux, que nous appellerons plus tard verbes attributifs.

Notre réponse sera brève et nette.

Le verbe logique exprime l'idée de l'existence, et il l'exprime nécessairement, fatalement; sans cela il n'aurait pas de raison d'être. Avant en effet d'affirmer qu'un attribut appartient ou n'appartient pas à un être, il faut d'abord constater, affirmer l'existence de cet être. C'est le verbe logique qui remplit cette fonction.

Dans cette proposition : « *L'homme est mortel* », avant d'affirmer que l'attribut *mortel* est un attribut de l'être *homme*, nous affirmons d'abord que l'homme existe; « *L'homme est* ». Avec quel attribut existe-t-il, ou, pour parler logiquement, *est-il*? Avec l'attribut *mortel*.

Le verbe logique exprime bien l'idée d'une affirmation, cela est vrai ; mais cette affirmation n'est pas générale, vague, indéterminée, abstraite, c'est une affirmation spéciale, précise, bien déterminée, concrète, l'affirmation de l'existence.

Ainsi que nous l'avons vu, on a, par extension, donné le nom de verbes à une espèce de mots résultant de la combinaison du verbe *être* avec divers attributs; mais c'est au verbe logique qu'appartient véritablement le nom de verbe, c'est-à-dire de mot par excellence (*verbum* = mot).

Sans lui point de proposition, partant, point de langage. On aura bien des idées de substances, des idées de qualités, mais isolées, sans relations visibles entre elles. C'est le verbe logique qui leur sert de lien, qui en fait un corps, qui leur donne vie ; c'est l'âme de la proposition.

Quand nous disons : « *l'homme est mortel* », nous exprimons un jugement complet, nous énonçons une proposition entière. Après avoir affirmé que le nom de substance *homme* existe, nous affirmons qu'il existe avec l'attribut *mortel ;* nous constatons que *homme* et *mortel* ont entre eux un rapport intime, que l'un appartient à l'autre. Mais que nous enlevions le verbe *est*, il ne nous reste plus qu'un substantif *homme* et un qualificatif *mortel*, séparés, isolés l'un de l'autre ; rien n'indique plus qu'il y ait entre eux une relation quelconque. La seule suppression du verbe a disloqué la proposition, anéanti le jugement.

Parfois, il est vrai, sous l'influence d'un sentiment vif, dans un mouvement passionné, ou bien pour le besoin de donner au langage plus de rapidité, d'énergie, on n'exprime pas le verbe, sans pour cela nuire à l'intelligence de la pensée.

EXEMPLE :

Lui, bon ! Qui vous l'a fait croire?

Dans la première proposition : « *Lui, bon !* » le verbe n'est pas exprimé et cependant le sens est complet, le moins intelligent le peut comprendre.

Mais, dans ce cas, ainsi que dans tous les cas analogues, bien qu'il n'apparaisse pas, le verbe n'en existe pas moins nécessairement ; seulement, il est sous-entendu : c'est affaire de grammaire ou de rhétorique. Mais que la logique, c'est-à-dire la raison, intervienne, elle reprend aussitôt ses droits dans toute leur rigueur, et elle dit : « *Lui est bon !* qui vous l'a fait croire? » reconstituant ainsi la proposition dans son intégrité, c'est-à-dire avec le verbe.

Faisons d'ailleurs observer que, si la grammaire et la rhétorique autorisent la suppression apparente du verbe, ce n'est que dans des cas relativement limités et bien déterminés, suivant des règles fixes, et alors seulement que la clarté du langage ne peut pas avoir à en souffrir. L'abus amènerait inévitablement l'obscurité.

En parlant du verbe *être,* nous l'avons jusqu'ici appelé *verbe logique.* C'est son nom de classe, et qui servirait certainement à le désigner ainsi qu'à le distinguer des verbes grammaticaux.

Il convient néanmoins de lui donner une dénomination moins abstraite, plus saisissable à toutes les intelligences, de le désigner par un nom que nous appellerons nom de fonction, c'est-à-dire par un nom qui fasse connaître à première vue sa fonction primordiale et nécessaire.

Cette fonction étant d'affirmer l'existence, nous devons rejeter — les unes, comme incomplètes et partant comme insuffisantes ; les autres, comme ne répondant pas du tout à cette idée — les dénominations de *verbe affirmatif,* de *verbe copule,* de *verbe abstrait,* de *verbe absolu,* que lui ont attribuées divers grammairiens.

En examinant séparément chacune de ces dénominations, nous exposerons les raisons particulières qui nous les font repousser.

1° *Verbe affirmatif.* Outre que cette appellation ne comprend pas tout le défini, qui est affirmatif de l'existence, elle a le tort grave de ne distinguer en rien le verbe logique des verbes grammaticaux qui, tous, quels qu'ils soient, et en raison même de leur origine, expriment une affirmation et pourraient être conséquemment et au même titre appelés verbes affirmatifs.

2° *Verbe copule.* — Cette désignation prend le verbe logique, qu'on nous permette l'expression, par le petit côté. Le verbe *être*, nous sommes loin de le contester, nous l'avons d'ailleurs établi nous-même, sert de lien, de copule, entre le sujet et l'attribut. Mais pourquoi sert-il de copule? Parce qu'il affirme l'existence d'un être dont on fait connaître un attribut. Son rôle copulatif n'est donc qu'une conséquence de son rôle principal, qui est d'affirmer l'existence.

3° *Verbe abstrait.* — Nous avouons ne pas découvrir les raisons sur lesquelles on base le choix de cette dénomination qui est fausse ou insuffisante, à quelque point de vue qu'on la considère.

Le verbe *être* exprime-t-il une abstraction? Pas le moins du monde. L'idée qu'il représente, l'idée de l'existence est précise, tout à fait concrète, c'est-à-dire absolument l'opposé d'une abstraction.

Voudrait-on, peut-être, en lui donnant ce nom, faire entendre que le verbe logique exprime l'idée de l'existence pure et simple, *abstraction* faite de toute autre idée? Prise dans ce sens, l'appellation n'est pas davantage heureuse, car elle considère le verbe par rapport aux idées qu'il n'exprime point et laisse de côté celle qu'il représente essentiellement.

4° *Verbe absolu.* — Ce terme répond suffisamment à l'idée du verbe; il représente à peu près ce que nous avons appelé plus justement *verbe logique*; mais, ainsi que nous l'avons dit, et dans le but de l'appeler d'un nom plus accessible à l'intelligence, nous voulions, pour le désigner, un terme qui fasse à première vue connaître sa fonction essentielle.

Dans cet ordre d'idées, nous trouvons plus généralement usitée, du reste, une dénomination, celle de *verbe substantif*, qui conviendrait mieux, qui serait même acceptable, si elle répondait véritablement à ce qu'on veut lui faire exprimer.

Mais, avant d'apprécier le plus ou moins de convenance de cette désignation, il faut bien savoir d'abord ce qu'elle signifie pour ceux qui l'emploient.

Or, il y a désaccord à son sujet au camp des grammairiens. Ce seul fait serait pour nous une cause de rejet, chaque chose, surtout en grammaire, devant être appelée d'un nom précis, d'un nom si rigoureusement exact qu'il ne puisse, dans aucun cas, prêter à des interprétations divergentes.

Les uns appellent le verbe *être* VERBE SUBSTANTIF, parce qu'il existe par lui-même, différant en cela des verbes grammaticaux, qui n'existent que par la combinaison du verbe *être* avec un attribut.

Cette dénomination n'étant, dans ce sens, que distinctive de classe, et non, comme nous le voulons, désignative de fonction, nous ne saurions l'admettre. Entendu ainsi, le verbe *être* n'est que distingué des verbes attributifs; son rôle principal n'est pas défini, pas même indiqué de loin.

Nous demandons d'ailleurs si le mot *substantif* a bien le sens qu'on lui prête là. Nous reconnaissons ne pas le voir, et nous croyons qu'il faudrait une intelligence complaisante à l'excès pour l'y découvrir.

Les autres appellent le verbe logique *verbe substantif*, parce qu'il exprime l'idée de l'existence.

Prise dans ce dernier sens, l'appellation *substantif* serait bien celle que nous cherchons, car elle répondrait à la fonction primordiale du verbe.

Mais exprime-t-elle mieux cette idée que la précédente? Il faut recourir à des explications toujours trop longues en pareille matière, invoquer des considérations étymologiques, qui ne sourient pas à toutes les intelligences, pour faire saisir à peu près la relation, éloignée du reste, qu'il y a entre *substantif* et *existence*.

Cette dernière considération a sa valeur; elle serait à elle seule suffisante à nous faire hésiter dans l'adoption de cette dénomination.

Mais il est une autre raison qui, sans avoir en principe la même importance, n'en est pas moins, dans la pratique, décisive, à notre avis, contre l'admission du terme *substantif*.

La grammaire n'est pas faite seulement pour les gens d'étude, dont l'intelligence développée, mûrie, perçoit faci-

lement les nuances de sens d'un même mot. L'enseignement
de cette science s'adresse encore et surtout aux enfants,
c'est-à-dire à des esprits bornés, qui n'ont pas la maturité,
la perspicacité nécessaire pour démêler et distinguer nettement ces significations diverses.

Que se produira-t-il, si on leur désigne le verbe logique
sous le nom de verbe substantif? Inévitablement, ils feront
une confusion fâcheuse entre *substantif*, nom d'une des par-
ties du discours, et *substantif*, nom d'une espèce de verbes.
Voyant le même terme, ils y découvriront la même idée.
Or, nous savons, par une expérience de plusieurs années,
combien il est difficile de débrouiller dans l'esprit des
enfants de semblables confusions et de les ramener à une
saine appréciation, à un exact discernement des idées.

Pour obvier à cet inconvénient, nous voyons nécessité à
employer une dénomination plus vraie d'abord et ensuite
plus claire, une dénomination qui fasse en quelque sorte
entrer d'elle-même dans les intelligences les plus rétives
le sens net et précis de ce qu'on veut désigner.

Nous nommerons en conséquence le verbe *être* Verbe
affirmatif de l'existence, ou, pour tout dire en un seul mot,
verbe existentiel.

C'est un nom nouveau! nous dira-t-on. Que nous importe,
s'il dit bien ce que nous voulons dire, et surtout s'il le
dit d'une façon intelligible pour tous?

LES VERBES

ou

VERBES GRAMMATICAUX

ou

VERBES ATTRIBUTIFS.

Le verbe logique a existé le premier, parce qu'il a été le
premier nécessaire, et il a existé seul, parce que rigoureusement il est le seul indispensable.

Tant que le cercle des idées s'est trouvé renfermé dans
des limites étroites, ce verbe a pu suffire aux besoins res-

treints du langage; mais, à mesure que l'homme a étendu le champ de son activité, agrandi le domaine de ses connaissances, il a dû multiplier les mots, signes des idées, et les propositions, signes des pensées.

L'usage unique du verbe logique devait nécessairement entraîner une monotonie fatigante, provenant du retour incessant du même mot — sous des formes diverses, il est vrai, mais toujours ressemblantes — et des mêmes tournures; il était d'ailleurs un obstacle à l'expression concise et rapide de la pensée.

L'homme, naturellement ami de la variété et porté d'ailleurs, en raison du nombre toujours croissant des idées, à les exprimer sous la forme la plus succincte, rechercha les moyens de réaliser en même temps ces deux progrès : la variété et la concision.

A travers combien de tâtonnements finit-il par atteindre le résultat désiré ? Il serait sûrement très-intéressant de le savoir, de pouvoir suivre l'homme pas à pas dans cette marche, sans doute fort lente, vers le but; mais nous laissons cette étude à l'érudition patiente, persévérante de quelque audacieux philosophe. Ce qu'il importe pour nous, c'est de constater que ces progrès furent réalisés par la combinaison du verbe logique avec divers attributs.

Les mots nouveaux nés de cette combinaison, ont été appelés verbes, parce que le verbe en est l'élément fondamental, essentiel.

Pour les distinguer du verbe logique, nous les avons jusqu'ici appelés verbes grammaticaux, parce que leur création est due à un besoin de langage, à une nécessité grammaticale. En raison de leur formation et en même temps pour désigner leur fonction, qui est d'affirmer l'existence avec un attribut, nous les nommerons dorénavant *verbes attributifs*, c'est-à-dire mots formés du verbe proprement dit et d'un attribut.

Par cela seul qu'ils renferment le verbe logique, ces verbes jouent un rôle important, un rôle essentiel dans le discours, rôle que nous avons défini pour le verbe être et auquel s'ajoute celui qui leur vient de la présence d'un attribut.

Considérés au point de vue de leur formation et de leur fonction, tous les verbes, en dehors du verbe être, sont des verbes attributifs.

Considérés au point de vue de leur nature, ou pour parler plus exactement, au point de vue de l'idée générale

qu'ils représentent, on remarque que tous ils expriment
l'idée de l'existence agissante, c'est-à-dire l'idée d'une action. Nul ne fait exception. L'action est une conséquence
nécessaire de l'existence. Exister, c'est agir. L'existence ne
peut se concevoir sans l'action.

EXEMPLES :

Je chante   je fais l'action de chanter ;
Nous rions   nous faisons l'action de rire ;
Ils dorment   ils font l'action de dormir ;
Tu es battu   tu subis l'action de battre ;
Les enfants se promènent les enfants font l'action de se promener.

Ce qui précède s'applique aux verbes attributifs d'une
manière absolue, à quelque langue qu'ils appartiennent.
En grec, en latin, en hébreu, en allemand, en russe, en
anglais, en espagnol, etc., etc., ils expriment l'idée de
l'existence agissante, l'idée d'une action.

On pourrait donc à bon droit les appeler verbes actifs.
Nous leur laisserons néanmoins leur nom de formation, qui
est aussi leur nom de fonction, celui de verbes attributifs,
réservant pour les raisons que nous développerons plus
tard, le nom de verbes actifs à une de leurs subdivisions.

Si, dans toutes les langues, ils expriment la même idée
et jouent en conséquence un rôle identique dans la proposition, ils se sont néanmoins modifiés selon le génie des
races et des peuples, ils ont revêtu des formes particulières
à chacun d'eux; mais il est certains caractères généraux
qui, en raison même de leur essence, leur sont restés communs dans tous les idiomes. La logique, d'une part, et, de
l'autre, les besoins du langage, identiques en tous lieux, les
ont imposés ; on les retrouve partout, parce qu'ils sont
partout nécessaires.

Pour arriver à une classification rationnelle, à une classification qui s'applique rigoureusement, absolument aux
verbes attributifs d'une manière générale, il est indispensable que l'on s'appuie sur ces caractères communs.

Nous ne saurions avoir la prétention de passer en revue
ces divers caractères communs et moins encore de les uti-
liser tous; cela nous entraînerait à un nombre considérable
de divisions et de subdivisions: notre science d'ailleurs n'y
suffirait pas.

Nous nous bornerons à constater qu'il est deux de ces
caractères communs qui sont de beaucoup plus importants,
plus essentiels, si nous pouvons dire ainsi, que les autres,
et qui, à cause même de leur importance, serviront de base

à notre classification. Ces deux caractères communs sont l'existence, dans toutes les langues, au même titre et avec le même rôle par rapport au verbe, des deux termes que notre grammaire appelle *sujet* et *complément*.

Le sujet et le complément ne répondent pas, il est vrai, aux mêmes nécessités logiques.

Le sujet seul est rigoureusement indispensable, et c'est sur ses relations avec le verbe que nous baserons en conséquence notre division fondamentale.

Quant au complément, qui est né d'un besoin plutôt grammatical, qui est dû à ce que les trois termes essentiels de la proposition sont insuffisants, vu l'imperfection des langues, à rendre la pensée avec toutes ses modifications, et qui a pour objet de subvenir à cette insuffisance, de compléter la pensée; quant au complément, disons-nous, nous y recourrons pour établir dans nos classes fondamentales des subdivisions distinctes et bien déterminées.

Examinons d'abord le verbe, ou plutôt l'action exprimée par le verbe dans ses rapports avec le sujet.

L'action exprimée par le verbe attributif est toujours en relation intime, nécessaire avec le sujet. L'existence d'une action suppose nécessairement l'existence d'un agent. De même on ne peut s'imaginer l'agent, le sujet, sans action.

Mais le rôle du sujet, relativement à l'action, n'est pas toujours le même.

Quand nous disons :

> Nous jouons;
> L'enfant mange;
> Vous vous promenez:
> Les gens rient de votre douleur :

Le sujet *nous* fait l'action de *jouer*.
Le sujet *enfant*   —   de *manger*.
Le sujet *vous*   —   de *promener*.
Le sujet *gens*   —   de *rire*.

Mais, dans les propositions ci-après :

> Nous sommes joués;
> L'enfant est puni;
> Vous êtes trompés;
> Ces gens sont abattus :

Le sujet *nous* subit l'action de *jouer*.
Le sujet *enfant*   —   de *punir*.
Le sujet *vous*   —   de *tromper*.
Le sujet *gens*   —   de *abattre*.

Dans les premiers exemples, les sujets *nous, enfant, vous, gens,* sont des sujets *agissants,* ou, autrement dit, des sujets *actifs.*

Dans les autres, les mêmes sujets sont des sujets *subissants,* ou, autrement dit, des sujets *passifs.*

Tous les verbes attributifs, quels qu'ils soient, ont, ou bien un sujet actif, ou bien un sujet passif.

Ainsi, considérés dans leurs rapports avec le sujet, ils forment deux grandes classes :

1º Les *verbes attributifs à sujet actif ;*

2º Les *verbes attributifs à sujet passif.*

Pour ne pas répéter inutilement le nom d'attributifs, qui appartient à tous indistinctement, et le mot sujet, qui sert de base aux deux classes, nous simplifierons en appelant les premiers de ces verbes : *verbes actifs ;*

Et ceux de la seconde catégorie : *verbes passifs.*

Nous allons examiner successivement chacune de ces classes et en fixer les subdivisions en nous appuyant sur les rapports de ces verbes avec le complément.

1º VERBES ACTIFS.

Le complément existe dans toutes les langues ; mais il n'existe pas nécessairement avec tous les verbes.

Si on dit bien, avec un complément :

L'acteur joue une pièce ;
Je ris de vous :

On dit également bien, sans complément :

L'acteur joue ;
Je ris.

Dans les deux premiers exemples, l'action de *jouer* faite par l'*acteur,* et l'action de *rire* faite par *je,* ne s'arrêtent pas à ces sujets ; elles passent, elles transitent de ces sujets sur les compléments *pièce* et *vous.* Les verbes sont à action *transitante ;* nous les nommerons en conséquence *verbes actifs transitifs.*

Mais, quand nous disons :

L'acteur joue ;
Je ris ;

les mêmes actions, faites par les mêmes sujets, s'arrêtent à ces sujets ; elles ne transitent pas sur des compléments. Les verbes sont alors à action *intransitante* ; nous leur donnerons conséquemment le nom de *verbes actifs intransitifs*.

Ainsi, considérés au point de vue du complément, les verbes actifs se divisent en deux genres, basés sur la présence ou sur l'absence de cette partie de la proposition :

1º *Verbes actifs transitifs ;*
2º *Verbes actifs intransitifs.*

(*a*) VERBES ACTIFS TRANSITIFS.

Si nous reprenons les deux exemples cités plus haut :

L'acteur joue une pièce ;
Je ris de vous ;

qui nous ont servi à distinguer les verbes actifs transitifs, nous remarquons que l'action ne transite pas de la même façon.

Dans le premier :

L'acteur joue une pièce ;

L'action de jouer se dirige du sujet acteur sur le complément une pièce *directement*, c'est-à-dire sans l'intermédiaire d'une préposition (1). (Le complément est dans ce cas appelé complément direct.)

---

(1) Dans les langues à déclinaisons, c'est le cas qui indique la nature de la transition, très-souvent sans préposition énoncée pour la transition indirecte.

Il arrive fréquemment que la transition est directe, bien qu'en apparence elle soit indirecte.

EXEMPLES :

Mon père désire *de* vous voir.
Mein Vater wünscht sie zu sehen.

Les prépositions constituent alors de vrais idiotismes. Pour être logiques, les propositions devraient être :

Mon père désire vous voir.
Mein Vater wünscht sie sehen.

On peut ranger dans les mêmes cas les génitifs et les datifs d'attraction du grec.

Εὖ προσφέρεται τοῖς φίλοις οἷς ἔχει | Il se conduit bien avec les
au lieu de | amis qu'il a.
Εὖ προσφέρεται τοῖς φίλοις οὓς ἔχει |

Dans le second :

Je ris de vous;

l'action se dirige du sujet *je* sur le complément *vous* *indirectement*; la transition, pour s'opérer, a recours à un intermédiaire, qui est la préposition *de*. La transition est *indirecte*.

(Dans ce cas, le complément est dit indirect [1]).

Οἷς ἔγω χρωμαι
pour
Τοῖς χρήμασιν ἃ ἔχω χρῶμαι
$\quad$ Je me sers de ce que j'ai.

La transition indirecte existe souvent sans être marquée apparemment par une préposition qui est alors sous-entendue.

EXEMPLES :

Je *vous* donnais du pain (*vous* pour à *vous*).
Vobis dabam panem (*vobis* au datif, cas spécial de la transition indirecte).
Ich gab Ihnen Brot (Ihnen au datif).

Dans quelques langues à déclinaisons, la transition indirecte, par un idiotisme spécial, emprunte le cas de la transition directe, en sorte que l'on voit côte à côte la transition directe et la transition indirecte marquées par l'accusatif. L'emploi de ce cas pour la transition indirecte s'explique tout naturellement : il est régi par une préposition sous-entendue.

EXEMPLES :

Fragen Sie es meine Frau (demandez-le à ma femme).
Wer heißt dich solche Sachen (qui t'ordonne de telles choses).
Doceo pueros *grammaticam* (J'enseigne la grammaire aux enfants).
Hoc te moneo (Je t'avertis de cela).
Unum te oro (Je te demande une seule chose).
Τί ποιήσω αὐτόν (que lui ferai-je).
Οἱ ἐχθροὶ πολλὰ κακὰ ἐργάζονται ἐμὲ (les ennemis me font beaucoup de mal).
Ἀποστερεῖν τίνα τὰ χρήματα (Priver quelqu'un de ses biens)

L'usage de ce double accusatif est très-fréquent en grec.

(1) Nous croyons devoir faire remarquer que, si le complément direct et le complément indirect sont des termes sur lesquels se dirige l'action, ils sont, par cela même, relativement au sujet actif, dans un état de passivité, très-net, très-accentué pour le complément direct, mais bien moins prononcé pour le complément indirect qui est avant tout et dans la plupart des cas presque exclusivement un complément de direction.

EXEMPLE :

Je donne une pomme à mon frère. .

La transition ne pouvant être que directe ou indirecte, nous diviserons les verbes transitifs, d'après le mode de transition, en deux espèces bien distinctes :

L'action de donner, faite par le sujet *je*, subie par le complément direct *pomme,* se dirige ensuite sur le complément indirect *frère.*

Autre exemple qui fera mieux saisir la différence :

Je donne mon frère à tous les diables.

C'est le mot *frère,* complément direct, qui subit l'action de donner ; il est ici tout à fait *passif,* tandis que dans l'exemple précédent, ce n'est pas lui qui est donné, qui est directement passif, c'est le complément direct *pomme.*

Nous appellerons en conséquence le complément direct, *complément passif,* et le complément indirect, *complément de direction,* tout en faisant remarquer néanmoins que le complément direct est aussi un complément de direction et, comme nous venons de le dire, que le complément indirect est, à un certain degré, un complément passif.

Notons encore que ces compléments déterminent tous deux l'action. Ainsi, quand nous disons : « Je donne », l'action de donner est prise d'une manière générale ; si nous ajoutons : « une pomme à mon frère », nous localisons, nous restreignons, nous déterminons l'action au moyen des compléments *pomme* et *frère.*

Cette observation est très-importante, car elle sert à distinguer nettement les compléments d'autres termes auxquels on a également attribué mais à tort, selon nous, le nom de compléments. Nous voulons parler des termes qui indiquent les circonstances de temps, de lieu, de manière, etc., dans lesquelles se produit l'action et qui, au lieu de la déterminer, ne font que la modifier.

Ces termes que nous appelons *circonstanciels* de temps, de lieu, de manière, etc., constituent dans leur ensemble des expressions purement adverbiales.

EXEMPLE :

Je donne *tous les jours avec plaisir* quelques pommes à mon frère.

« Tous les jours », expression adverbiale, indique le temps dans lequel se produit l'action.

« Avec plaisir », autre expression adverbiale, indique la manière dont se produit l'action.

Voici du reste comment nous analyserions cette proposition :

Je, pron. pers., première personne du sing., sujet actif de *donne.*

donne, verbe actif transitif direct et indirect, à la première personne du singulier du présent de l'indicatif, première conjugaison — son sujet est *je,* l'action qu'il exprime est déterminée par les compléments : direct : quelques pommes ; indirect : à mon frère, et modifiée par le ci constanciel de temps, « tous les jours », et par le circonstanciel de manière « avec plaisir ».

1° Les verbes actifs transitifs à transition directe, que, pour simplifier, nous nommerons :

Verbes actifs transitifs directs.

2° Les verbes actifs transitifs à transition indirecte, que nous appellerons plus simplement :

Verbes actifs transitifs indirects.

Chez un certain nombre de verbes transitifs directs, l'action ne transite jamais que directement. Il est dans leur essence de n'avoir jamais que des compléments directs. Quand ils n'ont pas de complément direct, ils sont employés sous la forme intransitive.

EXEMPLES :

Je mange une pomme.	Je mange.
J'ai vu votre frère.	J'ai vu.

Pour d'autres, la transition se fait tantôt directement, tantôt indirectement ; souvent elle se fait tout à la fois directement et indirectement, sur des objets différents, cela va sans dire.

---

tous les jours, expression adverbiale, modifie l'action de donner, en indiquant le temps où elle se fait. Elle se compose des trois mots :

tous, adj. indéf., masc. plur., détermine le nom substantif jours.

les, art. simple, masc. plur., indique le genre et le nombre du nom substantif jours.

jours, nom substantif commun masculin pluriel.

avec plaisir, expression adverbiale, modifie également l'action de donner, en indiquant la manière dont elle se fait. Elle se compose des deux mots :

avec, préposition, qui établit un rapport de manière entre le verbe donne et le nom substantif plaisir.

plaisir, nom substantif commun masculin singulier.

quelques, adjectif indéfini, féminin pluriel, détermine le nom substantif pommes.

pommes, nom substantif commun, féminin pluriel, complément direct ou passif de donne.

à, préposition, établit, entre le verbe donne et mon frère, un rapport de direction.

mon, adjectif possessif, masculin singulier, détermine le nom substantif frère.

frère, nom substantif commun, masculin singulier, est le complément indirect ou de direction du verbe donne.

EXEMPLES :

Transition directe :   Je parle votre langue.
Transition indirecte :   Je parle à votre frère.
Transition directe et transition indirecte : Je parle votre langue à votre frère.

Ces verbes s'emploient également sous la forme intransitive.

Enfin, il est un certain nombre de verbes chez qui la transition, quand elle a lieu, ne se fait jamais qu'indirectement :

EXEMPLES :

J'hésite à parler ;
Il vient de Rome ;
Nous allons à Paris.

Ces différents cas pourraient nous fournir matière à sous-espèces ; mais pousser plus loin les subdivisions, ce serait compliquer sans utilité notre classification. Nous laissons d'ailleurs le champ libre à ceux qui voudraient créer de nouvelles variétés. Ils ont en mains tous les éléments nécessaires.

Ce que nous avons dit nous paraît amplement suffisant pour les verbes transitifs ; nous allons donc les quitter pour passer à l'examen des verbes intransitifs.

(b) VERBES ACTIFS INTRANSITIFS.

La plupart de ces verbes ne sont intransitifs qu'accidentellement. Leur nature, leur essence n'est pas d'être intransitifs ; ce n'est qu'occasionnellement, en passant, en quelque sorte par accident, qu'ils le deviennent.

La forme transitive, soit directe, soit indirecte, est dans leur nature propre ; c'est leur forme constitutionnelle.

Quand nous disons :

Je parle ;
Vous gouvernez.

il est évident que l'action de parler s'adresse à quelqu'un, que l'action de gouverner tombe sur quelqu'un ou sur quelque chose ; mais ce quelqu'un ou ce quelque chose n'est pas exprimé, parce qu'on n'éprouve pas le besoin de le faire connaître. L'attention se concentre tout entière sur le sujet et sur l'action, on ne s'occupe nullement de l'être sur lequel elle transite. Il y a en réalité transition ;

au point de vue absolu, les verbes *parle* et *gouvernez* sont transitifs; mais, l'objet sur lequel s'opère la transition n'étant pas énoncé, les verbes sont apparemment et au point de vue strictement grammatical, des verbes intransitifs.

Les autres verbes intransitifs ne se présentent jamais que sous la forme intransitive. Leur essence est d'être intransitifs.

EXEMPLES :

Nous périssons;
L'enfant marche;
Tu demeures.

Cette différence de nature dans les verbes intransitifs pourrait, de même que celles que nous avons constatées en dernier lieu pour les verbes transitifs directs ou indirects, servir de base à des sous-espèces; mais, pour les mêmes raisons que nous avons fait valoir, c'est-à-dire pour ne pas multiplier inutilement les subdivisions, nous croyons devoir nous abstenir d'en établir ici.

Cependant, comme les verbes intransitifs n'ont fait l'objet d'aucune subdivision, nous n'aurions aucune objection à ce qu'on les divisât, d'après les différences ci-dessus signalées, en deux espèces :

1º *Les verbes actifs accidentellement intransitifs;*
2º *Les verbes actifs essentiellement intransitifs.*

REMARQUES

1º Parfois il arrive que les verbes qui, de leur nature, sont transitifs indirects ou intransitifs, s'emploient sous la forme transitive directe.

Cela a lieu surtout chez les orateurs ou chez les poëtes, pour donner plus de relief, plus d'énergie à la pensée.

Dans ces cas, généralement, le mot sur lequel on fait transiter l'action directement exprime une idée analogue à celle du verbe.

EXEMPLES :

Il songea un beau songe ;
Dormez votre sommeil ;
Pleurez toutes vos larmes (1).

2° Les verbes exprimant les mêmes idées dans des langues différentes ne rentrent point partout dans les mêmes classes, genres ou espèces.

Ainsi, *étudier*, qui est transitif direct en français, est transitif indirect en latin.

J'étudie la grammaire,
Studeo grammaticæ (datif).

Même observation pour *favoriser*, *flatter*, *recourir*, etc.

Nous favorisons nos amis,
Amicis nostris (datif) favemus.
Il me flatte,
Blanditur mihi (datif).
Secourir quelqu'un,
Auxiliari ou opitulari alicui (datif).

suivre, adorer, prier, admirer, qui sont transitifs directs en français, sont transitifs indirects en grec.

Suivre quelqu'un,
Ἀκολουθεῖν τινι (datif).
Adorer Dieu,
Λατρεύειν τῷ Θεῷ (datif).
Ils priaient Cyrus,
Ἐδέοντο τοῦ Κύρου (génitif).
Admirer quelqu'un,
Θαυμάζειν τινός (génitif).

Remercier, *flatter*, etc., qui sont transitifs directs en français, sont transitifs indirects en allemand.

---

(1) Vitam jucundam vivere (vivre une vie agréable).
Duram servitutem servire (servir une dure servitude).
Κινδυνεύειν κίνδυνον (courir un danger). Le grec ne peut pas se traduire mot à mot en français.
Ἄρχειν ἀρχήν (exercer une magistrature).
Ein glückliches Leben leben (vivre une vie heureuse).
Einen schweren Kampf kämpfen (combattre un dur combat).
A guiltless death I die (je meurs une mort innocente).

En anglais, de presque tous les verbes qui, de leur nature, sont intransitifs ou transitifs indirects, on peut faire des verbes transitifs directs. Il n'y a guère que leur construction qui puisse faire bien voir l'espèce particulière à laquelle ils appartiennent.

> Je te remercie,
> Ich danke dir (datif).
> Je me flatte,
> Ich schmeichle mir (datif).

Mais ces différences ne portent nulle atteinte à notre classification. Si les éléments qui les composent sont différents, selon le génie particulier des idiômes, les classes, genres ou espèces que nous avons établis n'en existent pas moins dans toutes les langues, basés sur les mêmes principes, avec les mêmes caractères spéciaux et distinctifs.

2° VERBES PASSIFS.

Dans les verbes passifs, l'action, avons-nous dit, est subie par le sujet.

A ce point de vue, ils sont l'opposé des verbes actifs d'une manière générale.

Mais l'action subie par le sujet est nécessairement faite par un agent quelconque, qui se trouve ainsi compléter l'idée exprimée par le verbe et par le sujet et qui constitue par conséquent un complément.

EXEMPLES :

> Nous sommes enchantés de vos succès;
> L'enfant est puni par son père.

L'action d'enchanter, subie par le sujet *nous*, est faite par le complément *vos succès*.

L'action de punir, subie par le sujet *enfant*, est faite par le complément *son père*.

Les compléments *succès* et *père* sont des compléments actifs.

Le complément actif existe toujours, puisque c'est lui qui fait l'action exprimée par le verbe et subie par le sujet ; mais il arrive fréquemment qu'il n'est pas énoncé. On n'indique pas quel il est, parce que l'esprit ne se soucie que de l'action faite et de l'être qui la supporte, sans se préoccuper de l'agent qui la fait.

Exemples :

Nous avons été battus;
Ils sont enchantés;
La pomme a été cuite sous la cendre;
Nous sommes perdus.

Dans les deux exemples d'autre part :

Nous sommes enchantés de vos succès;
L'enfant est puni par son père.

le complément actif étant indiqué, précisé, déterminé, nous appellerons les verbes « sommes enchantés », « est puni » *verbes passifs à complément actif déterminé*, pour les distinguer des autres, « avons été battus », « sont enchantés », « a été cuite », « sommes perdus », où le complément actif n'est pas énoncé, et que nous nommerons en conséquence *verbes passifs à complément actif non déterminé*.

Nous simplifierons ces appellations en disant pour les premiers :

Verbes passifs déterminés.

et, pour les autres :

Verbes passifs indéterminés.

Nous avons vu que les verbes passifs sont, au point de vue du sujet, l'opposé des verbes actifs.

Considérés sous le rapport du sujet et du complément, ils sont l'opposé des verbes transitifs directs seulement.

En effet, dans les verbes transitifs directs, c'est le sujet qui fait l'action et le complément direct ou passif qui la subit ; et, dans les verbes passifs, c'est le sujet qui la subit et le complément indirect ou actif qui la fait.

On remarquera que, lorsque le complément actif est indiqué, ou, autrement dit, lorsque le verbe passif est à complément actif déterminé, l'idée qu'exprime la proposition dont il fait partie, peut se traduire exactement, à une légère nuance près, par la forme active transitive directe, en remplaçant le verbe passif par le verbe actif exprimant la même action, auquel on donne pour sujet le complément actif, et, pour complément direct, le sujet passif.

Exemple :

« Nous avons été blessés par un éclat d'obus » devient : « un éclat d'obus nous a blessés. »

Ainsi le verbe passif est une forme inverse du verbe actif transitif direct, qui, seul de tous les verbes actifs, peut s'employer sous la forme passive (1).

Du moment que les verbes — transitifs directs de leur essence — se présentent sous la forme intransitive, l'action qu'ils expriment ne peut être rendue passivement.

Exemple : Je mange.

L'objet qui reçoit directement l'action de manger, n'étant pas exprimé, cette action ne peut pas revêtir la forme passive, l'être passif, c'est-à-dire le sujet du verbe passif faisant défaut.

De même les verbes passifs indéterminés ne peuvent pas être employés sous la forme transitive directe, le complément passif, c'est-à-dire le terme qui serait le sujet du verbe transitif n'étant pas indiqué.

VERBES ABSTRAITS

Ce qui précède pourrait à la rigueur suffire à une étude générale du verbe. Nous croirions cependant la nôtre incomplète si nous ne nous arrêtions quelques instants à une espèce de verbes qui, bien que rentrant dans nos classes des verbes actifs et des verbes passifs, ont néanmoins un caractère à part, une physionomie spéciale, qui les distingue de ceux que nous avons examinés.

---

(1) Dans certaines langues, les verbes transitifs indirects ou intransitifs s'emploient quelquefois, mais très-exceptionnellement, sous la forme passive.

Exemples :

Ventum est (il a été venu, on est venu;
Es wird gesprungen (il est sauté, on saute;
We were spoken by the king (nous fûmes parlés par le roi) le roi nous parla.

Nous ferons observer que, dans ces idiotismes, les verbes sont presque toujours employés sous la forme abstraite, qui plus que les autres facilite ces anomalies.

Nous voulons parler des verbes que l'on appelle généralement, mais très-improprement, *verbes impersonnels* ou *verbes unipersonnels*, et que nous désignerons sous le nom de *verbes abstraits*, le seul qui leur convienne, ainsi que nous allons l'établir.

Disons d'abord pourquoi nous rejetons les appellations « impersonnels » et « unipersonnels ».

1° *Impersonnels.* Cette désignation est impropre absolument et relativement :

Absolument, c'est-à dire à ne considérer ces verbes qu'en eux-mêmes, abstraction faite des autres verbes, car on la leur donne à cause de la nature du sujet, qui représente une idée vague, indéterminée, abstraite. Or le mot impersonnel n'a jamais répondu à une semblable idée.

Relativement, c'est-à-dire quand on considère cette espèce de verbes par rapport aux autres espèces. Dans ce sens, elle est plus vicieuse encore. Pour qu'elle fût vraie, il faudrait que l'on pût désigner sous le nom opposé, à savoir sous le nom de *personnels*, les verbes dont cette appellation a pour but de les distinguer ; mais, à aucun titre, elle ne leur est valablement applicable, surtout par opposition à celle d'*impersonnels.*

Au point de vue de la conjugaison, les verbes dits impersonnels sont tout aussi bien personnels que les autres. S'ils n'ont pas toutes les personnes, ils en ont une qui suffit pour en faire des verbes personnels.

Au point de vue du sujet, on ne peut pas dire que les autres verbes sont personnels, car, d'une part, ce ne sont pas toujours des noms de personnes qui sont sujets, et d'autre part, le mot « personnel » ne saurait en aucune façon désigner des sujets dont la nature est bien déterminée, bien définie.

2° *Unipersonnels.* Si on ne voulait distinguer que le mode de conjugaison, cette appellation serait exacte ; mais la différence de conjugaison est-elle la différence essentielle qui les sépare des autres verbes ? Nullement. Ce n'est qu'une différence de forme et non de fond.

Ce qui en fait une classe distincte, une classe ayant ses caractères propres, c'est la nature du sujet ; c'est donc la nature de leur sujet qui doit servir à les désigner par une appellation qui définisse exactement leur caractère spécial et en même temps le rende immédiatement saisissable.

Cette appellation, nous allons l'indiquer et la justifier.

Dans tous les exemples que nous avons cités pour préparer ou pour appuyer nos déductions antérieures, l'être qui fait ou qui subit l'action, c'est-à-dire le sujet, est un être précis bien déterminé, un être *concret*.

Mais il est des verbes soit actifs, soit passifs, dont le sujet, qui est alors le pronom *il* ou son équivalent exprimé ou seulement indiqué par la terminaison, représente une idée vague, indéterminée, *abstraite*.

Exemples :

Il pleut ;
Il arrive souvent que... ;
Il a été constaté que...

Ces verbes, en raison de la nature de leur sujet, nous les appellerons *verbes abstraits*, par opposition à ceux dont le sujet est concret et que nous désignerons sous le nom de *verbes concrets*.

Ce n'est pas, croyons-nous, le besoin de variété et moins encore le caprice, qui, à l'origine, a donné à certains verbes des sujets abstraits.

Lorsque l'être agissant tombait sous les sens, on l'indiquait naturellement en même temps que l'action dont il était le moteur ; mais, quand l'action seule était perçue, quand l'être qui la produisait ne se révélait pas, demeurait inconnu, comme il fallait néanmoins indiquer à l'action constatée une cause, un agent, on ne pouvait inévitablement le faire que d'une manière vague, indéterminée. Dans l'impossibilité de donner au verbe un sujet concret, on lui donnait un sujet abstrait.

Ainsi, quand, à l'origine, on a entendu tonner, on a vu pleuvoir, neiger, ignorant que l'on était de l'agent tonnant, de l'agent pleuvant, de l'agent neigeant, on l'a néanmoins indiqué, parce que cela était nécessaire, mais en le laissant dans le vague, en le représentant par un terme indéfini, abstrait.

Plus tard, lorsque avec le développement du langage se sont accrus les besoins de varier l'expression des pensées, le recours à la forme abstraite, alors même qu'elle n'était plus imposée par l'ignorance, est devenue une des formes de cette variété. De ce qui n'était d'abord qu'une nécessité on a fait une beauté du langage.

On a employé ainsi peu à peu sous la forme abstraite presque tous les verbes concrets.

Une partie des verbes originairement employés sous la seule forme abstraite sont devenus concrets avec le temps, c'est-à-dire lorsque les agents des actions ont été connus. Mais il en est un certain nombre qui ont conservé leur forme primitive exclusivement.

EXEMPLES :

Il tonne ;
Il neige.

Ces verbes étant de leur nature, de leur essence, abstraits, nous les désignerons, pour employer l'expression consacrée et qui d'ailleurs est exacte, sous le nom de verbes *essentiellement* abstraits.

Le nombre en est très-réduit et, en raison même de leur origine, ils rentrent tous dans la catégorie des *verbes actifs*.

Quant aux verbes qui, de leur nature, sont concrets et qui ne sont qu'*accidentellement* employés sous la forme abstraite, nous les appellerons pour cette cause, verbes *accidentellement* abstraits.

Ils se rangent naturellement dans les mêmes classes, genres ou espèces que ceux auxquels ils appartiennent sous leur forme concrète.

Nous devons toutefois constater qu'un certain nombre, en devenant abstraits, modifient leur caractère.

Ainsi, il en est qui ne se présentent jamais, étant concrets, que sous la forme transitive indirecte ou sous la forme intransitive, et qui, en devenant abstraits, acquièrent la faculté d'être employés sous la forme passive, comme les verbes transitifs directs.

EXEMPLES : (Voir note 1, page 24.)

Ventum est (il a été venu) on est venu,
Es wirt gesprungnue (il est sauté) on saute.

D'autres, d'intransitifs ou de transitifs indirects, deviennent transitifs directs.

EXEMPLE :

Il s'agit (de *agir* intransitif).

Ces cas du reste, qui constituent des idiotismes, sont fort rares.

VERBES FRANÇAIS

Notre étude générale des verbes étant terminée, nous allons adapter notre classification aux verbes français.

Il serait sans doute très-intéressant et très-instructif de faire la même adaptation, sinon aux verbes de toutes les langues, du moins aux verbes des langues les plus importantes ; mais, outre qu'une telle étude aurait pour nous des résultats moins immédiatement utiles, elle exigerait un savoir que nous sommes loin de posséder.

Notre travail a d'ailleurs été inspiré par une pensée beaucoup plus modeste. Nous avons eu pour but principal, nous dirons presque pour unique but, de faire disparaître de nos grammaires et de l'enseignement dans nos écoles des divergences regrettables dans la classification et dans la dénomination des verbes, divergences qui troublent et souvent égarent l'esprit des élèves et qui sont d'autant plus fâcheuses qu'elles proviennent de ce que les classifications et les dénominations en usage ne reposent pas sur des principes fixes, uniformes, rationnels.

Nous trouvons en effet dans la plupart de nos grammaires, et on enseigne généralement dans nos écoles, que les verbes français se divisent en cinq grandes classes :

1º Les verbes actifs, appelés aussi verbes transitifs ;

2º Les verbes neutres, appelés aussi verbes intransitifs ;

3º Les verbes passifs ;

4º Les verbes pronominaux ;

5º Les verbes impersonnels, dits aussi verbes unipersonnels.

Admettre cette classification, c'est affirmer que ces cinq classes de verbes sont des branches collatérales du verbe attributif. Or, pour que cette affirmation fût réellement fondée, il faudrait que ces cinq espèces de verbes eussent pour base un caractère fondamental et essentiel commun, un principe unique bien déterminé.

Mais en est-il ainsi ? Est-ce bien le même principe qui a présidé à la distinction des verbes attributifs en verbes actifs et en verbes unipersonnels, en verbes pronominaux et en verbes passifs, en verbes neutres et en verbes impersonnels ?

D'une part le sujet : Verbe passif—Verbe actif considéré par opposition au Verbe passif—Verbe impersonnel.

D'autre part le complément : Verbe neutre ou intransitif—Verbe actif considéré relativement au verbe neutre et dans ce cas appelé quelquefois verbe transitif.

En troisième lieu, la nature de la conjugaison : Verbe pronominal—Verbe unipersonnel.

Constater ce fait, c'est démontrer que cette classification est radicalement irrationnelle, c'est établir la nécessité de la répudier.

Mais ce n'est pas en cela seul qu'elle est vicieuse, et partant inacceptable ; elle pèche encore en ce qu'elle attribue à chacune de ces espèces de verbes, sauf au verbe passif, des dénominations qui ne correspondent pas exactement avec les idées qu'elles sont censées représenter.

C'est ce que nous allons essayer de démontrer en les examinant l'une après l'autre.

1° VERBE ACTIF

Le mot *actif* est considéré tout à la fois comme terme différentiel de *passif* et comme terme différentiel de *neutre*.

Dans le premier cas, il désigne un verbe à sujet actif : dans le second cas, un verbe à complément direct.

Il faut avoir l'esprit disposé aux plus étranges concessions pour admettre que le mot « actif » exprime en même temps l'une et l'autre de ces idées.

Pris dans le premier sens, actif est absolument vrai ; oui, actif est bien différentiel de passif ; mais, dans nos grammaires, il est inexact, il est incomplet, parce qu'il n'embrasse pas tous les verbes à sujet actif.

Ainsi qu'il nous paraît résulter évidemment des exemples cités dans la première partie de notre étude, les verbes neutres, les verbes pronominaux et un certain nombre des verbes abstraits, dits à tort impersonnels, sont actifs au même titre que ceux qu'il est d'usage d'appeler de ce nom.

Quant à lui faire signifier « verbe ayant un complément direct », toutes les considérations ne sauraient y réussir.

Nous nous étonnons que nous, Français, qui passons pour être si fort amis de la précision, nous ayons pu aussi longtemps prêter à ce terme un sens que rien, ni de près, ni de loin, ne justifie.

2° VERBE NEUTRE.

Neutre. — Ni l'un ni l'autre.

Ce verbe est ainsi appelé parce que, dit-on, il n'est ni *actif* ni *passif*.

Il n'est point passif, nous le reconnaissons; mais quant à prétendre qu'il n'est pas actif, c'est autre chose.

Que voulez-vous de plus actif, dans le vrai sens du mot, dans le sens de notre classification, que les verbes ci-après ?

> Je marche vite,
> Tu vas à Paris,
> Il agit bien,
> Nous rions de vous.
> Vous courez sur la plage,
> Ils tombent à terre.

Sont-ils en quoi que ce soit moins actifs que les verbes suivants, admis par nos grammairiens, à l'exclusion des précédents, au rang de verbes actifs ?

> Je chante une romance,
> Tu frappes mon frère,
> Il cherche sa plume,
> Nous poussons nos amis,
> Vous tirez les cheveux,
> Ils examinent les candidats.

Citer ces exemples, c'est, à notre avis, montrer péremptoirement la fausseté de cette appellation.

Nous ferons d'ailleurs observer que, pour être absolument applicable à la classification reçue, le terme *neutre* devrait signifier aussi qui n'est ni *pronominal* ni *impersonnel*.

On a eu tort de s'arrêter en chemin; mais on a été arrêté par ce fait, qui aurait dû éveiller l'attention sur le mal fondé de la dénomination, que certains verbes pronominaux ou impersonnels sont neutres dans le second sens prêté à ce mot.

Mais ce n'est pas en cela seul que cette désignation de neutre est irrégulière. Elle est fausse encore, elle est aussi peu justifiée, quand, pour distinguer le verbe neutre du verbe actif, on dit que *neutre* indique les verbes qui n'ont pas de complément direct.

Or, ce mot a-t-il jamais signifié rien de semblable ?

' Que si on nous dit que c'est affaire de convention, nous répondrons que l'objection est sans valeur. Du moment que le convenu est faux, il n'est pas acceptable. Il l'est d'autant moins, en ce cas particulier, que l'idée que l'on veut rendre a un nom qui lui convient parfaitement, un nom qui la revêt exactement tout entière, en la distinguant nettement de toutes les autres idées.

3° VERBE TRANSITIF — VERBE INTRANSITIF.

Ces deux dénominations ont le défaut fondamental, d'abord de ne pas faire ressortir la différence qui les sépare des verbes passifs, et ensuite de désigner des catégories distinctes des verbes pronominaux et des verbes impersonnels.

Nous avons vu que ces derniers verbes sont ou peuvent être au même titre transitifs ou intransitifs.

4° VERBE PRONOMINAL.

Des réflexions précédentes il découle nécessairement que **les verbes** pronominaux ne devraient pas être considérés comme une classe primordiale des verbes attributifs, comme une branche collatérale des verbes actifs, neutres ou passifs.

Qu'est-ce en effet que le verbe pronominal ? C'est purement et simplement une forme particulière de conjugaison du verbe actif ou du verbe neutre.

Prenez n'importe quel verbe pronominal; il est actif ou neutre. Il ne diffère des autres verbes neutres ou actifs qu'en ce que, dans sa conjugaison, il emploie deux pronoms de la même personne, tandis que les autres verbes se conjuguent avec un seul pronom.

Mais le mot *pronominal* indique-t-il bien cette différence? Certainement non. Pour parler juste, pour exprimer exactement ce que l'on veut dire, c'est-à-dire pour distinguer les verbes où la conjugaison se fait avec un seul pronom de ceux où elle en exige deux, il faut dire, d'après le nombre des pronoms employés : *Verbes à conjugaison unipronominale et verbes à conjugaison bipronominale*, ou, pour simplifier, *verbes unipronominaux* et verbes *bipronominaux*.

Cette distinction est rationnelle; c'est peut-être pour cela qu'on ne l'a point faite.

Quant à nous, comme les verbes dits pronominaux rentrent dans nos divisions des verbes actifs transitifs directs ou indirects, nous les distinguerons de leurs congénères unipronominaux, en les appelant verbes actifs transitifs directs bipronominaux ou verbes actifs transitifs indirects bipronominaux.

Pour ne point charger outre mesure l'analyse, nous ne voyons nul inconvénient à ce qu'on n'énonce point la désignation « unipronominal »; mais il est indispensable, vu les cas particuliers de conjugaison et de syntaxe auxquels ils donnent lieu, que les verbes à conjugaison bipronominale soient toujours entièrement dénommés.

5° VERBE UNIPERSONNEL OU IMPERSONNEL.

Dans un chapitre à part, nous avons montré que ces termes sont impropres; nous n'avons conséquemment pas à y revenir.

Nous nous bornerons à constater que pas plus que les verbes pronominaux, les verbes désignés, tantôt sous l'un, tantôt sous l'autre des noms ci-dessus, n'avaient qualité pour être admis au rang de collatéraux des verbes actifs, neutres ou passifs, car tous, sans exception, ils rentrent dans l'une ou l'autre de ces trois catégories.

Il neige,	
Il me plait de vous voir,	neutres.
Il a été constaté que,	
Il a été dit bien des fois que,	passifs.
Comment se fait-il que,	
Il s'agit de,	actifs.

Ces deux derniers exemples montrent qu'ils revêtent aussi la forme bipronominale.

CONCLUSION

Notre étude est maintenant terminée. Pour en rendre les conséquences plus saisissables, nous ferons remarquer :

1° Que les verbes passifs de la classification en usage dans l'enseignement de nos écoles correspondent en tous points aux verbes passifs de notre classification.

2° Que les verbes actifs, neutres, transitifs, intransitifs rentrent tous dans notre division des verbes actifs, où ils prennent la place qui leur est marquée, soit par la présence ou l'absence de complément, soit par la nature des compléments.

3° Que les verbes pronominaux appartiennent aux mêmes titres à notre classe des verbes actifs. Comme le second pronom est toujours leur complément, soit direct, soit indirect, il s'ensuit qu'ils sont ou actifs transitifs directs, ou actifs transitifs indirects.

4° Que les verbes unipersonnels ou impersonnels que nous avons plus justement appelés verbes abstraits, se rattachent soit aux verbes actifs, soit aux verbes passifs.

Le tableau suivant fait voir d'un coup d'œil le résumé de notre classification.

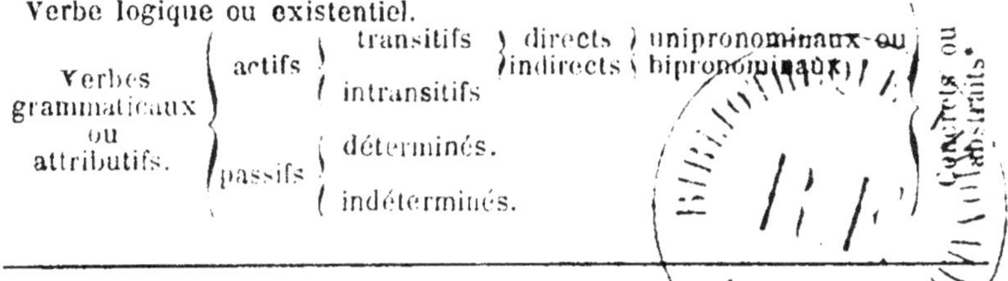

Verbe logique ou existentiel.

Verbes grammaticaux ou attributifs.
- actifs
  - transitifs : directs / indirects — unipronominaux ou bipronominaux(*)
  - intransitifs
- passifs
  - déterminés.
  - indéterminés.

(concrets ou abstraits.)

(*) Les verbes abstraits bipronominaux ne s'emploient généralement que sous la forme transitive directe.

IMPRIMERIE CENTRALE DES CHEMINS DE FER. — A. CHAIX ET Cⁱᵉ,
RUE BERGÈRE, 20, A PARIS. — 13792-8.